A SON EXCELLENCE

MONSIEUR LE MINISTRE DES BEAUX-ARTS

Monsieur le Ministre,

En 1862, la Ville de Paris me donnait à bail la salle qu'elle venait de reconstruire place du Châtelet.

Ce bail m'imposait des charges annuelles s'élevant à la somme de 227,794 francs, savoir :

Loyer.. 130.000 »
Éclairage... 57.800 »
Contributions... 8.935 »
Assurances .... 8.505 »
Entretien du plafond lumineux................................... 2.000 »
Vidange... 600 »
Balayage.. 564 »
Loyer du magasin de décors .... 4.130 »
Loyer de l'atelier.. 1.200 »
Chauffage et ventilation.. 3.000 »
Combustible... 9.500 »
Abonnement aux eaux... 360 »
Concierge... 1.200 »

Total égal.......... 227.794 »

Dès la première année, qui n'aurait dû être qu'une année d'essai, il m'était démontré que le Théâtre-Lyrique, malgré les recettes considérables qu'il avait réalisées, ne pouvait supporter les charges locatives qui pesaient sur lui.

Une circonstance s'offrit qui me permettait de me retirer d'une situation dangereuse.

L'Opéra-Comique devenait libre.

J'en demandai la direction.

M. le comte Walewski, alors Ministre d'État, avait accueilli avec bienveillance ma candidature.

Mais des objections, auxquelles M. le Préfet de la Seine n'était pas étranger, firent renoncer au projet de me placer à l'Opéra-Comique.

Cependant, mis au courant de la situation du Théâtre-Lyrique, M. le comte Walewski voulut bien s'en préoccuper, et, cette année même, il lui fit obtenir une subvention de 100,000 francs.

Sa sollicitude ne s'arrêtait pas là.

Il faisait faire en même temps par M. Marchand, secrétaire général du Ministère d'Etat, d'actives démarches auprès de M. le Préfet pour obtenir que les charges du bail fussent allégées.

Ces démarches semblaient avoir amené la Ville à m'exonérer de la sous-location des boutiques attenant au théâtre.

Mais au bout de quelques mois, pendant lesquels les agents de la Ville avaient vainement essayé de les louer, ces boutiques étant restées sans produit, leur prix fut porté à mon compte, et malgré tout je dus payer et les reprendre à ma charge.

Ces boutiques, évaluées par la Ville 40,000 francs par an et comprises dans le bail primitif pour cette somme, sont restées dix-huit mois sans trouver de locataires.

De là une perte de......................... ....   60.000 »

Pendant le temps qu'elles ont été louées, c'est-à-dire quatre ans et demi, ces boutiques n'ont rapporté que 20,500 francs par an. — La Ville n'a pas à en critiquer les baux, puisqu'ils ont été faits avec son approbation et par ses agents, — c'est encore un préjudice de 19,500 francs, soit pour quatre ans et demi........   87.750 »

De ce chef seul il est donc résulté pour moi une perte sèche de . .-...............•..................•...................   147.750 »

Je n'ai pas cessé de me débattre contre des charges aussi écrasantes.

En vain, chaque année, je faisais entendre les plus justes réclamations.

Le théâtre avait coûté plus de trois millions, M. le Préfet voulait que la Ville retrouvât l'intérêt du capital dépensé.

Cependant la situation du théâtre, qui s'aggravait chaque jour, était l'objet des plus sérieuses préoccupations.

En 1866, un amendement, signé de plusieurs députés, fut présenté au Corps législatif à l'effet de faire partager également, entre l'Opéra-Comique et le Théâtre-Lyrique, les subventions accordées à ces deux scènes.

La Commission du Budget. tout en reconnaissant que le Théâtre-Lyrique avait tenu toutes les espérances qu'il avait données et qu'il méritait des encouragements, ne crût pas devoir accueillir l'amendement, et je restai sous le poids des exigences de la Ville, qui ne tardèrent pas à se changer en mesures de rigueur.

Je devais succomber.

Ma justification tout entière est dans les conditions faites par la Ville au directeur qui m'a succédé.

Ces conditions montrent d'une façon péremptoire combien mes réclamations étaient légitimes.

En effet, que voit-on dans le bail fait à M. Pasdeloup ?

Que le loyer et toutes les charges accessoires sont payés moyennant une perception de 15 pour 100 sur les recettes brutes, défalcation faite du droit des indigents,

Or, si cette condition de prélèvement de 15 pour 100 m'avait été faite, elle aurait constitué, à mon profit, une différence de.......... 444,642 fr.

En effet :

La moyenne des recettes annuelles, pendant ma direction, a été de .... 1,014,296 fr.

A déduire :

Le droit des indigents............................... 92,208

Reste...... 922,088 fr.

Aux conditions faites à M. Pasdeloup, c'est-à-dire, à raison de 15 pour 100 j'aurais payé annuellement :

Au lieu de .... 227,794 fr.
La somme de..................................... 138,312

Différence...... 89,482 fr.

Soit pour six ans........................... 536,892
Il convient d'en déduire ce qu'on a pu retirer pour sous-location des boutiques pendant quatre ans et demi, soit.......... 92,250 fr.

Total égal... 444,642 fr.

C'est donc une somme de 444,642 francs que je n'aurais pas eu à payer si, dès l'origine, la Ville avait consenti à m'accorder les conditions qu'elle a faites plus tard à M. Pasdeloup.

Et, ce n'étaient pas les seuls avantages que la Ville accordait à mon successeur.

Tandis que j'avais été obligé de payer de mes deniers une somme de 200,000 francs pour l'achat du matériel du théâtre, par une faveur spéciale, la Caisse des travaux de la ville de Paris fournissait à M. Pasdeloup toutes les sommes dont il avait besoin pour acheter ce matériel.

Il en a coûté à la Ville de ce chef près de 400.000 francs.

De plus, tandis que lié par mon bail, je devais continuer quand même mon exploitation, il était accordé à M. Pasdeloup une année d'essai au bout de laquelle il avait le droit de se retirer, sans rembourser à la Caisse des travaux aucune des sommes qu'elle lui avait avancées.

Après cette première année pendant laquelle le prélèvement de 15 pour 100 sur la recette n'avait même pas payé les charges accessoires du bail, M. le Préfet accordait à **M.** Pasdeloup un nouveau délai d'un an, avec faculté de se retirer, toujours sans être tenu de rembourser la Caisse des travaux.

Comment expliquer que la Ville de Paris qui m'avait exécuté — sacrifié — pour une somme de 27,000 francs de loyers arriérés, moi qui lui avait toujours payé plus de 200,000 francs par an, se soit montrée si facile à une administration qui, dès la première année, lui avait à peine remboursé ce qu'elle avait dépensé pour les charges accessoires du bail, et qui ne s'était encore créé aucun titre à ses faveurs.

Evidemment par l'expérience acquise.

La Ville de Paris avait enfin compris que les théâtres de musique — ceux surtout qui ne cherchent leur succès que dans l'art élevé — ont à supporter des frais excessifs.

Qu'ils doivent entretenir un nombreux personnel de choristes, de musiciens, de peintres, d'ouvriers, de machinistes, de costumiers et surtout d'artistes qu'il faut payer très-cher.

La Ville avait comparé le Théâtre-Lyrique aux autres scènes musicales qui, malgré leur réputation européenne, malgré les richesses de leur répertoire, reçoivent néanmoins de l'Etat des subsides considérables.

Elle avait reconnu que la subvention de 100,000 fr., accordée au Théâtre - Lyrique, était insuffisante.

La Ville était enfin arrivée à cette conviction, qu'il fallait alléger dans la plus grande mesure les conditions de son bail.

Ce sentiment de protection s'est manifesté encore à un plus haut degré dans les mesures prises récemment en faveur des artistes réunis en société, lesquels, grâce à la sollicitude de l'administration municipale actuelle, ne paient que 5 0/0 de la recette brute pour tous loyers et charges.

Deux choses incontestables résultent de l'exposé qui précède :

L'une, que les conditions du bail qui m'a été fait ont été une erreur dont le retour est impossible.

L'autre, que les conditions faites à **M.** Pasdeloup sont encore trop lourdes.

Ce directeur n'a pu terminer sa seconde année d'essai et a dû quitter le Théâtre après dix-huit mois d'exploitation ruineuse pour lui.

Faut-il en conclure que l'exploitation du Théâtre-Lyrique est impossible place du Châtelet?

On doit regretter certainement que le Théâtre-Lyrique n'ait pas été reconstruit dans le centre du monde des plaisirs, dans le groupe des trois autres grandes scènes lyriques.

Mais sa situation topographique ne l'a pas empêché de réaliser place du Châtelet, pendant six années consécutives des recettes égales à celles de l'Opéra-Comique, boulevard des Italiens (1).

Pour réussir, comme l'Opéra-Comique, qu'a-t-il manqué au Théâtre-Lyrique?

Un subside assez fort pour compenser les charges excessives qui pèsent sur les grandes scènes musicales.

L'Opéra-Comique touche 240,000 francs de subvention.

Le Théâtre-Lyrique n'en reçoit que 100,000 francs.

S'il est démontré que l'Opéra-Comique a besoin de 240,000 francs.

Comment admettre que 100,000 francs suffisent au Théâtre-Lyrique!

Si l'on réduisait au chiffre de 100,000 francs la subvention de l'Opéra-Comique, malgré la richesse de son répertoire, ce théâtre serait exposé aux mêmes dangers que le Théâtre-Lyrique.

Donc la question est dans ceci :

Augmenter la subvention du Théâtre-Lyrique.

Ou diminuer ses charges.

Augmenter la subvention ?

Je crois qu'il ne faut pas y songer.

Diminuer ses charges ?

La Ville peut le faire.

Elle doit le faire.

Toutes les villes de France ont élevé des salles de spectacle qu'elles livrent gratuitement à l'exploitation.

Les directeurs sont exonérés des frais de gaz et de toutes les charges accessoires d'un bail.

Il arrive même souvent qu'on leur fournit, en outre des subventions accordées, les décors nécessaires à la représentation d'une grande œuvre nouvelle.

---

(1) Les recettes de l'Opéra-comique ont été en moyenne de *1,200,000 francs* pour douze mois d'exercice.

Celles du Théâtre Lyrique de *1,000,000 de francs* pour dix mois d'exercice !

La Ville de Paris, régie par les mêmes lois que les autres communes, peut donc, sans inconvénient, s'imposer les mêmes charges en faveur de son Théâtre-Lyrique.

Elle agira, en cela, comme l'État qui ne fait payer aucun loyer à l'Opéra, au Théâtre-Français et à l'Odéon.

La Ville de Paris n'a pu détruire la salle du boulevard du Temple qu'en prenant l'obligation de la reconstruire place du Châtelet.

En édifiant à grand frais, une salle dont les proportions, les aménagements ont été réglés en raison du genre spécial auquel on la destinait, elle s'est évidemment préoccupée des grands intérêts artistiques de notre capitale.

Elle ne saurait donc leur refuser aujourd'hui une protection qu'ils ont quelque droit d'espérer.

Aucun autre local ne répond au même degré aux exigences d'un théâtre lyrique de premier ordre.

La Ville ne voudra pas, par ses rigueurs, supprimer un théâtre qui a sa place marquée à côté de nos premières scènes musicales.

On a songé à déplacer le Théâtre–Lyrique.

On a d'abord parlé du Théâtre-Italien.

Mais l'idée n'est pas nouvelle.

Je l'ai mise en pratique et il a été matériellement prouvé que le Théâtre-Lyrique et le Théâtre-Italien ne s'auraient s'accommoder de vivre sous le même toit.

Il y a là des obstacles contre lesquels on se heurte à chaque pas.

J'ai fait sur ce point une triste expérience.

On a aussi proposé de transporter son exploitation dans une autre salle.

A quel résultat arrivera-t-on?

Obtiendra-t-on ailleurs des recettes plus considérables que celles que j'ai faites?

Non!

Obtiendra-t-on d'un particulier — propriétaire d'une salle — des avantages, même égaux, à ceux que la Ville a déjà consentis en faveur de M. Pasdeloup?

Non!

La situation restera la même]

Ou les charges seront encore trop lourdes ;

Ou le subside ne sera pas encore assez fort.

Le directeur cherchera-t-il à modifier ses conditions d'exploitation?

A restreindre son genre?

A réduire ses chœurs, son orchestre?

A diminuer l'importance de son personnel d'artistes?

Mais alors ce ne sera plus le Théâtre-Lyrique?

Ce sera encore un théâtre d'opérette.

Ce ne sera plus ce foyer de productions dans lequel les compositeurs s'exercent à traiter les grandes masses chorales et instrumentales, et se préparent à notre Académie de Musique ;

Ce ne sera plus ce théâtre qui donne à l'Opéra *Faust* et *Roméo ;*

Qui fait débuter par des œuvres d'une certaine ampleur — capables de donner la mesure de leur talent — *Maillart, David, Gewaert, Reyer, Bizet, Barthe, Deffès, Semet, Joncières, Diaz.*

Déplacer le Théâtre-Lyrique, c'est déplacer la difficuté, — ce n'est pas la résoudre.

Afin de mettre Votre Excellence à même d'apprécier les résultats que l'on peut raisonnablement attendre du Théâtre-Lyrique, exploité dans des conditions nouvelles, je crois devoir placer sous ses yeux un projet de budget.

Votre Excellence verra que toutes les exigences artistiques y sont largement prévues.

Elle voudra bien remarquer que, bien que la moyenne des recettes obtenues pendant ma direction soit de 3,400 francs par jour, je n'ai adopté comme point de départ de mes dépenses dans ce budget qu'une recette quotidienne de 2,500 francs.

Je crois prudent d'en agir ainsi; le Théâtre-Lyrique ayant perdu de son éclat et de sa bonne renommée d'autrefois.

BUDGET

Etabli sur une recette de 750,000 francs

(Soit une moyenne de **2,500 fr.** par jour.)

La moyenne des recettes pendant les six années de la direction de M. CARVALHO a été de **1,014,296 fr.** par an. — Soit une moyenne de **3,400 fr.** par jour.

Recette **2,500 francs** par jour, soit par an............... 750.000 »

Charges journalières à déduire :

Droit des indigents, 9,09 pour 100........	68.180 »	
Loyer et éclairage., etc..................	*Mémoire.*	136.360 »
Auteurs, 10 pour 100.....................	68.180 »	

613.640 »

A ajouter :

Subvention de l'État.....................	100.000 »	
Redevances diverses.....................	10.200 »	110.200 »

TOTAL............ 723.840 »

Frais généraux :

Gardes, pompiers, affiches................	25.000 »
Machinistes.............................	28.000 »
Costumiers et ouvriers...................	25.000 »
Employés (administration)................	11.500 »
— (scène).....................	13.200 »
Ballets..................................	10.000 »
Orchestre....	80.000 »
Chœurs..................................	45·000 »
Comparses...............................	2.000 »
Contrôle................................	8.750 »
Fournisseurs au mois, perruques, armes, entretien de la salle, blanchissage, etc..	15.000 »
Copie de musique.......................	4.000 »
Patente.................................	1.200 »
Frais divers, fournitures de bureau, impressions, voitures, etc....................	3.000 »
Mise en scène.......................	60.000 »
Artistes (1).............................	250.000 »

581.650 »

EXCÉDANT............ 142.190 »

<table>
<tr><th colspan="4" style="text-align:center">COMPOSITION (1)
DU
PERSONNEL ARTISTE</th></tr>
<tr><th colspan="4" style="text-align:center">Appointements mensuels.</th></tr>
<tr><td></td><td></td><td>FR.</td><td>C.</td></tr>
<tr><td>1 Chanteuse.............</td><td></td><td>4.000</td><td>»</td></tr>
<tr><td>1 —</td><td></td><td>3.000</td><td>»</td></tr>
<tr><td>1 —</td><td></td><td>1.000</td><td>»</td></tr>
<tr><td>4 —</td><td></td><td>1.200</td><td>»</td></tr>
<tr><td>1 —</td><td></td><td>500</td><td>»</td></tr>
<tr><td>1 Ténor.................</td><td></td><td>4.000</td><td>»</td></tr>
<tr><td>1 —</td><td></td><td>2.000</td><td>»</td></tr>
<tr><td>1 —</td><td></td><td>1.000</td><td>»</td></tr>
<tr><td>2 —</td><td></td><td>1.000</td><td>»</td></tr>
<tr><td>1 Basse.................</td><td></td><td>1.500</td><td>»</td></tr>
<tr><td>1 —</td><td></td><td>1.000</td><td>»</td></tr>
<tr><td>2 —</td><td></td><td>1.000</td><td>»</td></tr>
<tr><td>1 Baryton...............</td><td></td><td>2.000</td><td>»</td></tr>
<tr><td>1 —</td><td></td><td>1.000</td><td>»</td></tr>
<tr><td>1 —</td><td></td><td>500</td><td>»</td></tr>
<tr><td>2 —</td><td></td><td>300</td><td>»</td></tr>
<tr><td>TOTAL.........</td><td></td><td>25.000</td><td>»</td></tr>
</table>

Le résultat de ce budget peut seul servir de base aux conditions nouvellesdu bail à faire avec la Ville.

Il m'est difficile de préciser la somme des services artistiques que je puis rendre chaque année.

Il n'est pas plus aisé de dire que le Théâtre-Lyrique qui, par la date récente de sa fondation, n'a pas, comme l'Opéra-Comique, un répertoire riche d'un siècle de succès, peut renoncer d'une façon absolue aux traductions d'œuvres étrangères et aux ouvrages du domaine français.

Pour montrer le danger qu'il y aurait à se priver de ces ressources, je n'ai qu'à rappeler ce qui s'est passé en 1865-1866.

Cette saison promettait d'être belle.

Quatre opéras composés, terminés, devaient faire les frais de cette campagne théâtrale :

1° Les *Pêcheurs de Perles*, opéra, trois actes, de Bizet. — Prix de Rome ;

2° Les *Troyens*, opéra, cinq actes, de Berlioz ;

3° *Mireille*, opéra, cinq actes, de Gounod.

4° *La Captive*, opéra, trois actes, de Félicien David.

Au commencement de la saison, on représente *Les Pêcheurs de Perles*.

Grand succès pour le jeune musicien qui se place du premier coup parmi nos maîtres.

Malheureusement les recettes ne répondent point à nos espérances.

On passe aux *Troyens*.

Malgré tous les soins dont j'avais entouré cette œuvre, malgré les sacrifices de toute nature que je m'étais imposés, les *Troyens* ne tiennent pas l'affiche plus de vingt fois.

Mireille succède aux *Troyens*.

Mireille est une des plus belles, des plus charmantes œuvres de Gounod.

L'avenir lui rendra sa place à côté de *Faust* et de *Roméo*.

Mais *Mireille*, contestée à son origine, ne produit pas les recettes qu'on en devait attendre.

Il faut bien vite faire représenter la *Captive*.

Après la répétition générale, avec décors, costumes, Félicien David juge qu'il est de l'intérêt de son nom que l'ouvrage ne soit pas représenté et le soir même la *Captive* est retirée.

Si le Théâtre-Lyrique n'avait pas eu la liberté de donner des traductions,

Rigoletto de Verdi ne serait pas venu avec son grand succès aider à réparer les désastres des *Troyens*.

Je ne sais quelles modifications Votre Excellence désire apporter dans l'exploitation artistique du Théâtre-Lyrique.

Mais je suis convaincu que le cahier des charges qu'Elle imposera, — dicté par un esprit prudent et libéral, — ne contiendra rien qui dépasse les forces d'une entreprise dans laquelle il convient de faire une large part à l'imprévu.

Ce n'est pas trop m'engager que de dire qu'il m'arrivera souvent, je l'espère, de dépasser les désirs de Votre Excellence.

Il suffit de jeter les yeux sur le tableau des opéras représentés sous ma direction, pour voir quelle place le Théâtre-Lyrique a réservée aux compositeurs français et quels services il leur a rendus.

Je n'ai reculé devant aucun sacrifice pour assurer leur succès.

Quant aux chefs-d'œuvre de Mozart, de Glück, de Weber, je tiens qu'ils n'ont pas eu seulement pour résultat d'initier les masses populaires à ces beautés musicales qui les passionnent aujourd'hui.

Ils ont exercé une influence salutaire sur nos maîtres français et protégé surtout les jeunes compositeurs contre les entraînements d'un genre d'autant plus dangereux que les occasions ne manquent pas de s'y produire et que le succès y est plus facile à trouver.

Les opéras de Verdi, de Bellini, de Flotow, réservés jusqu'alors aux plaisirs de quelques privilégiés, n'ont pas été entendus sans intérêt par la population parisienne, à qui ils étaient pour ainsi dire révélés. Ces ouvrages, tout en servant utilement le théâtre, ont aidé pour leur bonne part à préparer cette remarquable génération d'artistes qui tient aujourd'hui un rang distingué sur les principales scènes lyriques de l'Europe.

A tous les titres qui me recommandent au choix de l'administration s'ajoute un autre encore plus grand peut-être que ceux que j'ai invoqués.

C'est le malheur qui m'a frappé !

Ce malheur *immérité* n'a été causé que par les conditions onéreuses que j'ai subies.

J'ai démontré que si la Ville de Paris, bien édifiée, dès l'origine, sur les charges excessives qu'elle imposait au Théâtre-Lyrique, m'avait fait de justes concessions, j'aurais bénéficié d'une différence de............ 444,642 fr.

Si on ajoute :

1° Que le Théâtre-Lyrique n'ayant été subventionné que dix-huit mois, après son ouverture place du Châtelet, a été privé d'une subvention de...................................... 150,000 »

2° Qu'à mon entrée dans cette salle nouvelle j'ai été obligé de payer pour la mise en état du théâtre, pour frais d'installation, salles d'étude, équipes, ajustement des décors à la nouvelle scène, une somme de........................... 75,000 »

3° Que l'actif réalisé par le syndic a été de............. 473,229 »

On arrive à un total de...... .... 1,142,871 »

C'est-à-dire à l'explication de tout le passif du Théâtre-Lyrique.

J'ai obtenu mon concordat.

Ce concordat voté, dans les conditions les plus honorables, n'a rencontré aucune opposition.

Il a été homologué, et tous les intérêts engagés dans cette affaire auraient été satisfaits depuis longtemps, si la Ville et M. Pasdeloup n'avaient, par des procès incessants, retardé la réalisation de l'actif.

Aujourd'hui les procès sont terminés, l'actif a été réalisé et le syndic a rendu ses comptes.

L'Administration des Beaux-Arts qui n'avait pu soutenir le directeur que dans la limite de ses ressources, a tenu cependant à relever l'artiste au moment même où le malheur le frappait.

Dans l'exposé de la situation de l'Empire de l'année 1869, elle a bien voulu reconnaître les services que j'avais rendus à l'art.

De son côté, le Corps législatif, dans sa séance du 20 juillet 1868, et par l'organe de trois de ses membres, MM. Marie, Jules Favre et Nogent-Saint-Laurens, s'est associé aux sentiments de regrets qu'exprimait M. Cornudet, au nom du Gouvernement, et m'a donné des témoignages de sympathie très-précieux à recueillir.

Toutes ces manifestations spontanées ne me donnent-elles pas le droit d'espérer une réparation ?

Cette réparation, je la demande.

Je viens, recommandé au choix de Votre Excellence par nos plus grandes illustrations musicales, solliciter la faveur d'être replacé au Théâtre-Lyrique.

J'apporte pour les besoins de l'entreprise des moyens financiers certains et largement suffisants.

En me rendant l'instrument — aujourd'hui amélioré — qui peut reconstituer ma fortune et réparer les pertes du passé, Votre Excellence fera un acte de justice.

J'ai l'honneur d'être,

avec respect,

Monsieur le Ministre,

de Votre Excellence,

le très-humble et très-obéissant serviteur,

Signé : CARVALHO.

Paris, le 29 mars 1870.